Noé a un secret

Aux CE1 de l'école La Pie
et de l'école Le Parc Est de Saint-Maur.
Merci de m'avoir fait confiance
en m'offrant vos petits secrets.
M.

www.flammarion-jeunesse.fr
www.jesuisencp.fr

Couleurs : Sarah Murat

Éditions Flammarion – 87, quai Panhard-et-Levassor – 75647 Paris Cedex 13
ISBN : 9782081515239 – N° d'édition : L.01EJEN001807.A002
Dépôt légal : janvier 2021
Imprimé en Espagne par Liberdúplex – avril 2021
Loi n° 49-956 du 16 juillet 1949 sur les publications destinées à la jeunesse

Noé a un secret

Texte de
Magdalena

Illustrations
d'**Emmanuel Ristord**

CASTOR POCHE

Notre classe de CP

Pour lire l'histoire, tourne la page !
Pour des activités autour
de la lecture, va page 34 !

Sur le chemin de l'école,
Noé taquine ses sœurs.
Léa dit :
« Arrête ou on dit ton secret ! »
Ana ajoute :
« On va le dire à toute la classe !
– Méchantes ! » répond Noé.

« Tu en fais une tête ! dit Bob à Noé.
– C'est à cause de son secret !
se moquent Ana et Léa.
– Quel secret ? demande Tim.
– C'est n'importe quoi ! » dit Noé.

Noé tire Tim par le bras.
Une fois loin, Noé chuchote
à l'oreille de Tim :
« J'ai peur des fourmis.
C'est un secret, tu le dis pas ! »

Bob a entendu le mot « secret ».
Il tourne autour de Tim.

« C'est quoi le secret de Noé ?
Dis-le-moi ! » supplie Bob à genoux.

Tim n'a pas bien compris
le secret de Noé.

Il répète :
« Noé a peur des souris.
– Des souris ? » s'étonne Bob.

Et il rit.
« Hi hi, il est comme les filles ! »

De loin, Basil écoute.
Mais il comprend mal.

Il dit à Lou :
« Tu sais que Noé a peur des filles ?
– Quoi ? dit Lou. Peur des filles ?
Mais il a deux sœurs ! »

En classe, Lou fait passer
un mot à Ana :
C'est vrai que ton frère a peur
des filles ?
Ana montre le mot à Léa.
Léa éclate de rire.

Maîtresse Julie a tout vu.
Elle prend le mot et le lit à voix haute.

« C'est pas vrai, j'ai pas peur des filles.
J'ai peur des fourmis ! » s'écrie Noé, vexé.

Léa et Ana rient.

« Ce n'est pas gentil de se moquer de votre frère, dit Maîtresse Julie.
– En plus, c'est un secret, on n'a pas le droit de le répéter ! » dit Noé.

« Noé a raison,
un secret ne se répète pas,
un secret se garde ! dit Maîtresse Julie.

– Pardon, dit Tim.
– Pardon, dit Bob.
– Pardon Noé », dit toute la classe.

Maîtresse Julie dit :
« Tu sais Noé, tout le monde a peur de quelque chose. N'est-ce pas ?

– Oui, c'est vrai, moi j'ai peur des araignées », dit Samir.

Toute la classe parle.

« Moi, j'ai peur des souris.
– Moi, j'ai peur des chiens.
– Moi, j'ai peur des vipères.
– Moi, j'ai peur de presque rien,
mais j'ai peur du noir ! »

« Et toi, Maîtresse Julie,
tu as peur de quoi ? » demande Noé.

Maîtresse Julie réfléchit.

Elle dit :
« Moi, j'ai peur de… »
Et elle écrit au tableau : A _ _ _ _

« Je sais, dit Basil, de l'avion ! »

A_ _ _ _ _

Je joue pour bien lire

1 **Regarde** bien la couverture du livre et **retrouve** la bonne étiquette.

a. Noé a un chat

b. Téo a un secret

c. Noé est amoureux

d. Noé a un secret

e. Noé a un secret

f. Noé a peur

Réponse : étiquette d.

2 Connais-tu bien le son « é » de Noé et le son « è » de secret ?
Lis les mots de la maison « é » et les mots de la maison « è ».
Puis **trouve** l'intrus de chaque maison.

Maison « é »	**Maison « è »**
école	vipère
Noé	frère
Léa	rêve
tête	couché

3 **Entraîne-toi** à lire les mots suivants.

jeu   peur   fleur   feu   sœur

deux   tracteur   bleu

Réponse : 2) Maison « é » : tête ; maison « è » : couché.

Je joue pour bien comprendre

1 **Choisis** la bonne réponse.

1. Noé a peur :

a. des filles.

b. des fourmis.

2. Un secret doit :

a. se répéter.

b. se garder.

3. Tous les élèves parlent de :

a. leurs peurs.

b. leurs rêves.

4. Maîtresse Julie a peur :

a. de l'avion.

b. du bateau.

Réponse : 1-b ; 2-b ; 3-a ; 4-a.

2 **Montre** les animaux qui sont dangereux.

1. crocodile

3. tigre

2. lézard

4. chat

5. hamster

6. requin

7. scorpion

8. chenille

Réponse : 1, 3, 6, 7.

Retrouve les histoires de **Je suis en CP** pour t'accompagner tout au long de l'année.

1

C'est la rentrée !

Dispute à la récré

Le nouveau

C'est l'automne !

Alerte aux poux !

La fête à la cantine

Journée à la ferme

Un chien à l'école

Il neige !

Noël à l'école

2

Jour de piscine

La remplaçante

Le bras cassé

Les anniversaires

Le lapin de la classe

Lou a deux maisons

Les toilettes de l'école

Noé a un secret

C'est carnaval !

3

Les amoureux

La fête de l'école

La classe de mer

Chez les pompiers

La médaille d'or

Au centre aéré

La maîtresse se marie

Vive les vacances !

La chasse aux œufs

Quelles histoires as-tu déjà lues ?
Quelle est ta préférée ?

Lesquelles aimerais-tu lire ?

Toute l'actualité de la collection,
les astuces de Magdalena et plein d'autres surprises,
sur **www.jesuisencp.fr**